Robert Marin

En Vie de Poésie

Euryuniverse éditions

ISBN : 978-2-36331-138-2
Euryuniverse éditions

Dépôt légal Juin 2018

www.euryuniverse.net

Table des matières

Préface

À travers cet ouvrage, Robert Marin nous parle de la vie, de sa vie, avec des mots simples riches et surtout avec une grande sensibilité. Il nous fait voir les réalités du quotidien sous un angle original et nous interpelle, à sa façon, nous invitant à poser un regard plus compatissant sur les autres, dans un monde où la vie n'est pas toujours facile.

Artiste sculpteur, par ailleurs, l'homme se révèle ici au public à travers une poésie aussi riche que saisissante. De surprise en surprise, Robert Marin nous transporte page après page vers un voyage qui n'est autre que celui d'une vie ouverte sur celle des autres, qui ne le laissent guère indifférent. Des titres émouvants tels que : *La miss*, *Mes enfants*, *Sous ses cartons*... se dévoilent avec tendresse et justesse, de façon toujours surprenante.

L'auteur propose également plusieurs portraits émouvants d'artistes ayant fortement marqué la culture française dont Johnny Halliday et Serge Gainsbourg qu'il ramène à leurs origines, sans rien ôter à leur prestige.

Robert Marin signe, ici, son premier ouvrage littéraire d'une belle plume, dans un style remarquable, et marque déjà l'univers poétique de son empreinte spécifique.

Nous lui souhaitons une belle poursuite créative en littérature, dans l'attente de ses prochaines publications, que nous espérons nombreuses et tout aussi qualitatives.

Eurydice Reinert Cend

Mot de l'auteur

Je n'ai pas la prétention de révolutionner la poésie ou de chambouler les grands classiques. Pour preuve, je découvre il n'y a que peu de temps la poésie et c'est elle qui m'a agrippée. Par ce petit recueil, j'essaie de décrire quelques scènes de la vie de tous les jours. Des choses simples que tout le monde côtoie. Des scènes de la vie quotidienne, des réflexions sur des événements et des situations que tout un chacun peut rencontrer aux fils des jours. J'espère que ces quelques mots vous transporteront et que vous prendrez plaisir à lire ces textes autant que j'ai pris plaisir à coucher ces rimes sur le papier.

Âgé de cinquante-sept ans avec un petit plus, originaire de Lorraine, j'ai effectué ma carrière professionnelle dans l'industrie automobile. Pendant toutes ces années, j'avais en moi une âme « d'artiste » et je me suis évertué à créer tableaux, sculptures et autres essais artistiques, tout au long de ces décennies.

En concevant ce recueil, je m'essaie donc maintenant à l'écriture…bonne chance à moi !

Robert Marin

Le moineau

Je vole, je virevolte, je survole au-dessus de vos têtes
Je vous vois d'en haut, mon Dieu comme vous êtes bêtes
Vous courez dans tous les sens, vous courez de partout
Vu d'en haut, je vous assure, vous me paraissez tous fous
Je sens l'air qui me frôle et qui me grise
Vous speedez, vous stressez, quelle sacrée entreprise !
De ma hauteur, je vois plus loin que votre horizon
Et vous dans vos têtes, vous êtes en prison
Dans ma petite cervelle, ma cervelle de moineau
Je suis libre, je plane, rien est assez beau
Vous, dans votre vie, votre vie de rapace
Il faut se battre, toujours un peu plus vorace
Je descends, je remonte au fil des courants d'air
Je me repose sur une branche et respire le bon air
Pendant tout ce temps, vous continuez à œuvrer
Il faut se dépêcher, vite, vite, attention aux délais
Pour me nourrir, pas grand-chose, un petit asticot
Pas le temps aujourd'hui, on va prendre un McDo
Quelques plumes, des brindilles, voilà ma demeure
Des travaux, un crédit et beaucoup de labeur
Je remonte dans le ciel, je regarde vers le bas
Pas grand-chose de nouveau, vous êtes toujours là
Je plane le dos au soleil, le bec dans le vent
Je profite de la vie, de la vie et du temps
Une petite mouche que j'attrape au vol
Une petite halte, je regagne le sol
Pendant tout ce temps, tout ce temps béni

Je profite de la vie en poussant mon petit cri
La vie est si belle, je ne veux pas la gâcher
Je pousse sur mes ailes, et d'un seul coup envolé
Je suis là, là au-dessus de tout ce monde
Levez vos grands yeux, arrêtez-vous une seconde
Pour rien au monde je ne prendrai votre place
Moi, pour vivre, j'ai besoin de mon espace
Pas d'argent, pas de loi, surtout pas de contrainte
Mon avenir à moi n'est fait d'aucune crainte
Imaginez-vous un peu qu'il vous pousse des ailes
Évadez-vous, rêvez, montez vers le ciel
Je ne suis qu'un petit rien, qu'un tout petit moineau
Mais quand même, vu d'en haut, que le monde semble
beau.

Mes enfants

Une des plus belles choses que la vie nous donne malgré
tous les tourments
C'est la grande joie et le bonheur immense de nous
permettre de mettre au monde des enfants
Bien évidemment tout est lié à la force et au courage de la
maman
Mais n'oublions pas que même pendant ces moment-là
l'homme devient tout blanc
Je pense ne pas être un héros et moi aussi cela m'a fait cet
effet
Et ils sont là, beaux et grands maintenant mes quatre bébés
Ils sont là et ils font le bonheur de mes journées
Pas un instant, pas une seconde je ne peux les oublier
Le temps a passé trop rapidement bien-sûr, c'est la vie
Le temps passe, mais nous sommes là ensemble pour la vie
Enfin pour la durée de ma vie, là ensemble et bien
Ensemble et parfaitement bien, moi et les quatre miens
À chaque fois que je suis avec l'un d'eux, mon cœur vibre
Aucune différence, nous sommes pareils, pareils et libres.
De petits orages comme partout, mais le soleil revient vite
Les nuages et les éclairs s'effacent, on fait tout, on les évite
De temps en temps nous nous retrouvons tous réunis
Évidemment cela devient plus rare, ils ont grandi, ils font
leurs vies
Alors quand cela se produit, je regarde les sœurs, les frères
Je les regarde un à un, avec mon œil de père
Comme un papa fier de la trace qu'il laissera

Heureux de la fratrie qui est belle et lui survivra.
Le matin, le soir, ils sont toujours dans mon esprit
Ils sont là, je les aime, ils sont mon paradis
Chacun avec son caractère, chacun avec ses humeurs
Peu importe les circonstances, ils font mon bonheur
Ce sont eux mes rubis, ce sont eux mes diamants
Ils sont toute ma vie, je les aime tellement
À eux quatre, ils ont fait souvent ma joie lorsqu'ils étaient petits
Rien du tout n'a changé maintenant qu'ils ont grandi
Chacun d'eux construit sa propre vie de son coté
Mais pour moi, ils sont là dans mon cœur bien ancrés
On dit souvent, grands enfants, grands problèmes
Aucune importance, le principal est que l'on s'aime
Rien n'est plus beau que l'amour d'un père pour ses enfants
Ils sont une partie de sa vie, une partie de son sang
Je n'ai pas grand-chose à leur transmettre à part de l'amour
Mais cet amour-là, ils me le donnent bien en retour
Un jour viendra, c'est la vie, je serai ailleurs
Et dans ce paradis, pas de doute, vous resterez toujours
dans mon cœur.

Somnifères ou Insomnies ?

Cette arme fatale qui lutte contre nos insomnies
Cette potion redoutable, mon médecin me l'a prescrite
Les nuits sont si longues sans ce remède miracle
Les heures on les compte, faut passer cet obstacle
Un tout petit cachet, le soir avant de se coucher
Et vous verrez la belle et douce nuit que vous allez passer
Ça commence comme ceci, une toute petite affaire
Mais elle est infernale l'emprise des somnifères
Du tout petit cachet, on en prend vite deux
Encore la dernière nuit, je n'ai pas fermé les yeux
On revoit son médecin, on lui explique notre cas
Malgré ces nouvelles gélules, on ne dort toujours pas
Peu à peu cela nous use au fil des années
Faut vraiment que je dorme, je suis trop fatigué
Les conseils d'un ami, les remèdes de grands-mères
Rien à faire, cette nuit, je reprends un somnifère
On a mis le pied dedans, on voudrait arrêter
Impossible mon gars, on en devient drogué
Le docteur nous parle d'un autre médicament
Avec celui-là c'est sûr, vous dormirez profondément
Enfin une bonne nuit, cela faisait si longtemps
On augmente la dose, on veut dormir vraiment
C'est l'enfer, l'engrenage, on n'y échappe pas
C'est ainsi, c'est comme ça, on ne dormira pas
À passer de longues heures, seul devant la télé
Je n'ai toujours pas dormi, mais il est l'heure d'aller
travailler

Les heures de sommeil perdues ne se rattrapent pas
On n'a pas dormi de la semaine, ce week-end on verra
C'est si simple, un peu d'eau, on avale un cachet
On espère que cela marchera, on attend ses effets
Cette fois, ce sont des gouttes que le pharmacien m'a
données
Attention pas d'alcool, faut surtout pas mélanger
Une tisane de cette plante, une infusion de ça
On a tout essayé, cela ne fonctionne toujours pas
Quel bonheur vous avez, vous qui pouvez dormir
Rester éveillé, oui mais la nuit c'est le pire
On se débrouille pour en avoir, on a un copain médecin
On demande aux autres, famille et même aux voisins
C'est une potion redoutable, qui lutte contre notre enfer
Je vous jure les amis, ne prenez jamais de somnifères.

Musique

On nous dit qu'elle adoucit les mœurs
C'est vrai qu'elle peut mettre de bonne humeur
On en est entouré, il y en a de partout
Elle peut nous allumer et même nous rendre fou
Mais sans elle, on a horreur du silence
Elle nous fait bouger, nous trémousser, on danse
Elle fait entièrement partie de notre vie
On l'entend, on l'absorbe, on la fredonne aussi
Le matin au réveil, on l'écoute à la radio
Ça y est, c'est parti, on a trouvé le tempo
On lui donne le nom, le genre que l'on veut
On la danse tout seul, ou mieux, tous les deux
On l'écoute en silence, on apprécie la sono
On l'écoute et l'on chante, on adore ce morceau
On l'entendait déjà tout jeune bébé
Elle embellit notre vie tout au long de la journée
Du rap au style musette, en orchestre symphonique

On raffole de ce son, de cette belle rythmique
Sans elle plus de joie, ni aucune fête
Elle est là dans nos corps, elle est là dans nos têtes
Elle fait partie de nos vies à chaque occasion
Du son électronique et même de l'accordéon
Elle est dans la rue ou dans un magasin
On l'écoute sans cesse du soir au matin
Merci à ceux qui l'écrivent, à ceux qui la font
Merci à ces artistes, à ces ingénieurs du son
La musique est bien là dans notre quotidien
À chaque coin de la planète, on l'écoute, on est bien
Ces compositeurs, ces artistes qui donnent de leur mieux
Pour quelques minutes de bonheur, pour nous rendre
heureux
Je donnerais tout pour pouvoir maîtriser
Le solfège et la suite, dompter le clavier
Dans le moindre recoin, le plus simple quartier
Un virtuose, un artiste, peut nous faire rêver
Une chose est bien sûr, une chose dans ce monde
Rien de telle qu'une croche ou même une ronde
Pour nous faire réagir, pour nous faire bouger
La musique est bien là pour nous faire évader
C'est tellement vrai, c'est l'un des arts majeurs
En vérité, la musique est là pour adoucir les mœurs.

Chien

Ils m'ont pris tout petit, ils m'ont pris au chenil
Et me voilà maintenant à vivre en pleine ville
Je ne demandais rien qu'un peu d'intérêt
Et je vis à présent, bloqué dans ce quartier
Je végète, je tourne en rond dans cet appartement
Moi c'est de l'espace, du grand air que j'attends
Des trottoirs, du béton et des caniveaux
Et en plus de ça, il faudrait que je fasse le beau
Pourquoi m'ont-ils emmené dans cette foutue cité ?
Dans cet endroit sordide, je me sens prisonnier
Deux ou trois fois par jour, on me sort jusqu'au square
On ne reste pas longtemps, il se fait déjà tard
Le reste du temps je suis sur mon tapis
S'ils pouvaient savoir de quoi j'ai envie
Une baballe, un nonos, le tout en plastique
Je les mâche, les mordille, ils trouvent cela comique
Il m'en faut beaucoup plus pour pouvoir m'amuser
Des prairies, des chemins et surtout de la liberté

Ils m'ont emmené là pour faire leur bonheur
En me déracinant, ils ont fait mon malheur
Heureusement une fois par an, je saute dans la voiture
Trois semaines de vacances au milieu de la nature
J'en profite, je gambade, je me défoule
Je saute, j'aboie, je me sens comme saoûl
Le temps passe très vite, nous voilà de retour
Je descends de l'auto, je retrouve ma tour
Pour un an, c'est reparti pour la même galère
Va falloir que je respire cette infecte atmosphère
De retour à l'appart, je retrouve mon tapis
Tiens une nouvelle baballe, ils sont quand même gentils
Et c'est reparti pour le même train-train
Pour ressortir un peu j'attendrai le lendemain
Pourquoi n'ai-je pas eu la chance de vivre à la campagne
Dans une plaine, une ferme, ou bien à la montagne
Je resterai jusqu'à la fin, assis sur mon tapis
Je resterai comme ça, c'est ainsi, c'est ma vie
Êtes-vous sûrs de votre choix ? Demandez-vous si cela est
bien
De faire vivre un animal dans le milieu urbain
Comme moi, mettez-vous un instant sur ce tapis
Et là, je crois bien que vous comprendrez ce qu'est ma vie.

Cigarette

On est tombé dedans au hasard d'une rencontre
On est tombé dedans et elle creuse notre tombe
Au début rien de grave, on y goûte prudemment
On voulait faire pareil, pareil que les grands
Petit à petit elle nous prend comme ça, sournoisement
Elle envahit notre corps, elle s'installe lentement
Cela devient un besoin, elle nous prend par surprise
Elle nous tient, nous capture, nous prend sous son emprise
La nicotine, le charbon on est tombé dedans
C'est foutu, c'est la crise, le manque évidemment
Et le temps passe bien sûr, on essaie d'arrêter
Elle nous tient c'est la mainmise, on en devient drogué
Comme c'est facile, un brin de volonté
On nous dit c'est tranquille, il ne faut plus y penser
Mais après un repas, un petit verre au café
Rien de plus difficile de ne pas l'allumer
Je vais en prendre juste une, j'essaie d'arrêter
Et voilà c'est foutu, tu y es retombé
Alors on tente des méthodes diverses
Elle nous prend les poumons, la tête, elle nous perce
À chaque coin de rue elle nous prend en défaut
Les pavés, les trottoirs en sont plein de mégots
J'ai vu le docteur untel, il est de bons conseils
Elle est dans notre corps, la nuit, elle nous réveille
On nous prévient c'est sûr, il y a même des spots télé
Mais quand elle nous tient, vraiment dur de s'en séparer
Et puis il y a le copain qui souffre d'un cancer

Ils l'ont découvert trop tard suite à un scanner
On y pense, on réfléchit, on en a sûrement peur
Alors pour se rassurer, on se dit : c'était son heure
On nous rejette de partout, des endroits publics
On nous regarde de travers, on appelle les flics
C'est tant mieux pour vous si vous n'avez jamais fumé
Il faut bien nous comprendre, nous sommes intoxiqués
La cigarette tue, pas la peine de nous le rappeler
Sans doute sommes-nous fous, fallait pas commencer
En plus de ça, c'est certain, cela nous coûte du pognon
On serait prêt à tout pour sauver nos poumons
Mourir de ça ou d'autre chose, tel est notre destin
Allez, je retourne vite au petit tabac du coin.

Richesse

Cela ne fait pas le bonheur, du moins c'est ce que l'on dit
Mais cela nous emmènera-t-il au paradis ?
Plus on en possède, plus on en veut
Sera-t-on à coup sûr beaucoup plus heureux ?
Argent et pouvoir font bon ménage
Mais cela mène aussi aux dérapages
Ils ne rêvent plus qu'à ça, ils sont ridicules
Ils passent leur vie dans leurs calculs
Et celui qui n'en a pas
Pourquoi ne se plaint-il pas ?
Ce pauvre mec que l'on dit smicard
Ne se moque pas mal d'être un ringard
Il vit sa vie au jour le jour
Mais son cœur à lui est plein d'amour
Il travaille, il trime pour pas grand-chose
Mais le soir chez lui, il est en pause
Il retrouve sa famille, sa petite maison
Sa femme, ses enfants sont sa seule passion
Le peu qu'il a, il le partage
On dit de lui qu'il est en marge
Ses enfants, sa femme sont sa raison
Sa famille, ses amis, son horizon
Il est pauvre d'argent, mais riche de cœur
Tout compte fait, c'est lui le vainqueur
La mort un jour viendra le frapper
On va le pleurer, le regretter
On le mettra au cimetière
Tout à côté du milliardaire

Les vieux provençaux

Ils sont là, comme tous les jours, à regarder passer le temps
Ils sont là, dans leurs vieux costumes, assis sur un banc
Ils regardent les gens, ils contemplent le monde
Ils sont là, heureux, ne loupent pas une seconde
Il y a le vieil artisan, à parler de son métier
C'est qu'il en a beaucoup fait durant toutes ces années
Et le vieux boulanger, comme il parle de son pain
C'est qu'il en a passé des heures, penché sur son pétrin
L'ancien pharmacien avec tous ses remèdes
On le consulte quelque fois, on lui demande de l'aide
Ils regardent les jeunes qui crient, qui se bousculent
Ils regardent la vie, de l'aube au crépuscule
La partie de pétanque, qu'ils commentent avec sourires
Vas-y mon gars, n'hésite pas, tu la vises et tu tires
Des histoires d'hier, des légendes du passé
Heureusement qu'ils sont là, ou tout serait effacé
Des nouvelles de Marius, le pauvre, il est malade
Je lui porterai demain un grand pot de marmelade
Et le petit Lucien, il parait qu'il va se marier
Je l'ai vue, elle est belle, il fait bien de l'épouser
La chaleur est intense sous les peupliers
Rien n'y fait, leurs casquettes restent là bien vissées
Et l'on parle encore des souvenirs d'antan
De l'époque où les hommes étaient moins gourmands
En cette période-là, on savait vivre ensemble
On avait peu de chose, mais on partageait, du moins, il me
semble

Tiens, voilà des touristes qui demandent leur route
C'est vrai, cela passe vite, déjà le mois d'août
Encore quelques semaines, les jours vont diminuer
Nos petits vieux seront là, toujours bien installés
Et puis arrive l'automne et les feuilles qui tombent
Un autre petit vieux que l'on emmène à sa tombe
L'hiver va vite passer sur cette petite place
Au printemps, d'autres vieux vont reprendre leur place
C'est comme ça depuis des siècles en Méditerranée
Les petits vieux sont là, au fil des années
Chaque fois que l'on croise au détour d'un hameau
Sur le banc d'une place, ces vieux provençaux
C'est un peu de notre histoire qui rejaillit soudain
Qui sent bon la Provence, le soleil, le romarin.

Serge

Au début, ce grand monsieur, c'était Lucien
Il ne savait pas encore qu'il serait musicien
De son enfance, il ne retiendra qu'une seule chose
Porter sur ses vêtements une étoile qu'on lui impose
Voulant à tout prix dans l'art s'exprimer
C'est à la peinture qu'il va s'essayer
Fin des années cinquante, il se transforme en poinçonneur
Dans sa tête, c'est décidé, il deviendra chanteur
Même si tout le monde le trouve laid et mal à l'aise
Il s'en fout, lui, il danse la Javanaise
Milieu des années soixante, c'est sa poupée qui fait gagner
la France
Et ses sucettes à l'anis, mettent tous ces messieurs en transe
Brigitte lui dit : « Je t'aime », il lui répond : « Moi non plus »
Pour lui aucun dilemme, les plus belles, il les a eues
Mais c'est avec sa Jane, dont il deviendra le Tarzan
C'est avec cette nouvelle muse qu'il écrira ses plus beaux
slogans
C'est d'une lointaine île que lui parvient un nouveau rythme

Il s'en empare, se donne le droit de transformer un hymne
Devant quelques bérets, lui ne se défile
Il reprend, il répète les paroles d'un dénommé de Lisle
La belle britannique n'en peut plus elle se barre
Il ne dort plus, fume et fréquente les bars
Ses problèmes de cœur, la mort au carrefour
Il s'en fout, il continue, il fume, il se bourre
Il attrape un Zippo, il détruit un Pascal
Il dénonce à la France le racket fiscal
Il veut toutes *les fucker*, même la belle Whitney
Mais devant des petits chanteurs, il se met à pleurer
Avec sa barbe de trois jours et sa belle tête de chou
Il redécouvre l'amour, elle s'appelle Bambou
Le voilà toujours dans les bars où il consomme
Il reprend la plume et écrit voici l'homme
Il continue ses variations sur le même thème
Il est au paradis, il écrit tandem
Il force sur la vie, il force sur son cœur
À Saint-Germain-des-Prés, il reste dans son bunker
C'est un matin de mars qu'on le retrouve rue de Verneuil
La vie brutalement le quitte, c'est la crise, le cercueil
Il se repose enfin entre Joseph et Olga
C'est la fin de Gainsbourg, de Gainsbarre et cætera.

Ballade à la ferme

Fier sur ses deux ergots, le voilà lui et son coqueriquement
Il vient bien montrer à tout son petit monde que c'est bien
lui le roi de cet environnement
De son côté le chat miaule se réveille et s'étire lentement
À pas de velours, il se dirige vers un autre endroit où se
poser paisiblement
Pendant ce temps, le chien aboie au nouveau jour qui se
lève
Il fait vite son petit tour, lève la patte et retourne vers
d'autres rêves
Maman cane cancane et emmène ses petits au bord de la
mare
Il est l'heure pour tout ce petit monde de nager autour des
nénuphars
Les pigeons caracoulent en ordre au-dessus des bâtiments
Ils se posent sur une toiture et scrutent les évènements
Le cochon se réveille, grogne, il est l'heure pour lui d'aller
patauger
C'est dans cet endroit boueux qu'il commence par se
mouiller les pieds
Le lapin glapit et suivi par sa petite famille, se dirige vite
vers l'herbe de la prairie
La rosée est fraiche, l'herbe appétissante, de quoi nourrir
tous ses petits
Madame poule glousse, fait son petit tour et picore ce
qu'elle trouve
Pas trop loin, elle retourne vite sur ses petits qu'elle couve

La petite caille carcaille et fait le tour des lieux
Suivie de ses petits biens sages à la queue leu leu
Le soleil monte, l'abeille vrombit et sort de sa ruche
Encore une belle journée de récolte sans embûche
Dans l'étable, la vache beugle et appelle son propriétaire
Il se dépêche car vite il faut la traire
De son côté l'âne pousse son braiment
Il a sûrement faim, il attend ses aliments
Le bouc lui béguète et d'un œil vif surveille sa chèvre
Il est debout bien campé sur une motte et ne se laisse pas
de trêve
Le bélier blatère de son côté, accompagné par sa brebis qui
bêle
Tous deux sont fiers de la petite brebis qui vient de naître,
c'est vrai qu'elle est très belle
Dans son parc le bel et grand cheval pousse son
hennissement
Sûrement qu'il fait des appels à sa belle jument
L'agneau bêle pour retrouver sa maman
Elle n'est pas si loin, elle accourt rapidement
L'oie cacarde et marche droite, fière dans la cour
Entourée de ses petits qui lui tournent tout autour
Dans la petite mare quelques grenouilles coassent
Les crapauds font de même, ce petit monde s'entasse
Le dindon glouglloute en compagnie de sa belle
Ils en font du boucan ! Ils annoncent la journée nouvelle
Voilà tout ce petit monde qui entame sa journée
Une ballade à la ferme, reste toujours très animée.

Polonais

Ils sont venus de loin, ils sont venus du froid
Ils sont venus en train ou à pied, pas le choix
Des maisons de fortune ou des maisons de bois
Ils ne demandaient pas la lune, surtout pas à être rois
Du travail, il y en avait, cela ne manquait pas
Peu importe le métier, c'étaient de vrais soldats
Dans le Nord en Lorraine ils sont venus chercher
Pour leurs familles de quoi vivre et pouvoir manger
La plupart d'entre eux ont fini dans les mines
Un dur et sale labeur vaut mieux que la famine
Rester là sans rien dire et faire son travail
Même si le soir venu, ils dormaient sur de la paille
Au fur et à mesure des années, tout s'est amélioré
Même si au fond de la mine il fallait galérer
Pas question de colère, pas question de grève
De toute façon, chez eux, c'était marche ou crève
Peu à peu, à notre pays, ils se sont adaptés
Des forces de la nature ! Ils ne s'arrêtaient jamais
Pendant toutes ces années, jamais de rébellion
Ils étaient reconnaissants envers notre nation
Cette nation si belle qui leur donnait du pain
Pour elle, sans rien dire, ils se brisaient les reins
Pour améliorer l'ordinaire et agrémenter leurs repas
Même après huit heures de mine, ils ne s'arrêtaient pas
Pour que la famille vive mieux et surtout les enfants
Ils passaient de longues heures à travailler le champ
Ils élevaient poules, canards, lapins et oies

De toute façon, pour bien vivre, ils n'avaient pas le choix
De temps à autre, surtout en fin de mois
C'est vrai qu'ils abusaient un peu de la vodka
Il fallait les comprendre, huit heures dans le noir
C'est vrai que ces jours-là, rien ne les empêchait de boire
Mais le lendemain, aux aurores, c'était reparti
On redescendait au fond pour gagner sa vie
Quelques fois, c'était le drame, l'accident
Bien des mineurs ne sont pas remontés vivants
Rendons hommage à ces véritables guerriers
Qui pendant des années ont poursuivi le métier
Les mines ont fermé, eux sont morts ou si vieux
Pour la France, la Lorraine, ils ont donné de leur mieux.

Barbecue

Dès les beaux jours revenus
Dans les supermarchés c'est la cohue
Du charbon, des côtes de bœuf, des saucisses
Sans oublier surtout l'achat des épices
Ce soir, c'est monsieur qui cuisine
Ce soir on invite copains et copines
Trois salades, des chips, du rosé
Sur la table en plastique tout est installé
Les braises sont réservées aux hommes
Et pour dessert, une simple tarte aux pommes
Il faut être là, présent et surveiller
Surtout être là, ne rien faire brûler
La fumée nous incommode parfois
Mais quel plaisir de cuire au charbon de bois
On se retrouve en famille ou bien entre amis
Qui préfèrent quand c'est bien rôti
Les enfants tournent autour du feu
Attention, cela peut être très dangereux
Un bout de pain coupé en deux
De la moutarde, une saucisse, c'est délicieux
Encore un petit rosé pour faire descendre tout ça
Profitons-en, l'été ne durera pas
On parle, on rigole, c'est convivial
En plus de cela tout ce petit monde se régale
La nuit tombe, on continue
Et les merguez, qui n'en a pas eus ?
On peut même faire cuire du poisson

Même si l'odeur va embaumer toute la maison
On ouvre une autre bouteille de rosé bien frais
Faites quand même attention, il va falloir rentrer
De la viande, il y en a toujours trop
Ce n'est pas grave, elle était en promo
Et les salades, il faut bien les finir
On mange, on boit, on continue à rire
C'est bien agréable ces fameux repas
On est bien, on est ensemble, pas de tracas
Monsieur vient juste de finir sa mission
Comme toujours, c'est madame qui s'occupe du reste des
opérations
Chaque année c'est pareil, quand l'été revient
Dans les rayons des supermarchés, il n'y a plus rien.

Supporters

Comme tous les soirs de match, ils sont là, ils sont prêts
Aux couleurs de leur équipe, ils vont vibrer, ils vont chanter
Autour du stade, on les repère, ils sont presque tous grimés
Ils accourent, ils vont vite, ce soir on va gagner
Une bière, un sandwich, ils regagnent leur tribune
Une victoire ce soir et demain ce sera la Une
Ils connaissent par cœur le nom des joueurs
Ils attendent, ils espèrent, ce sont eux qui font leur bonheur
Des drapeaux, des banderoles, ils ont tout préparé
Des tambours, des trompettes et leurs chants bien rodés
C'est leur raison de vivre, cela leur redonne de l'espoir
Avec une telle équipe, c'est sûr, on gagne ce soir
Ils se retrouvent en groupe, ils sont tous abonnés
On les voit sur la route, déjà prêts à klaxonner
Leur équipe, leur terrain, il n'y a que cela qui compte
On ne peut pas perdre ce soir, sinon quelle honte
Un échange, un transfert, ils connaissent tout ça par cœur
Ils connaissent tous les détails, de leur club, de leurs joueurs
Il y a des soirs, c'est chaud, ils sont prêts à en découdre
Un seul petit but d'écart et tout se transforme en foudre
Il est vrai que parfois, tout s'est déchaîné
Les exemples sont fréquents, on voit ça à la télé
Des hordes de ces gens-là envahissent une ville
Pour soi-disant un doigt, ils fracassent, c'est viril
Ce genre de phénomènes, faut savoir les gérer
Maintenant tous nos stades sont pleins de policiers
On les parque, on les entoure, on les met à l'écart

Le match terminé, on les raccompagne dans leurs cars
Il ne faut pas que cela dégénère, c'est juste du sport
Malheureusement, quelques fois, on a dénombré des morts
On peut vivre sa passion, éviter, la violence, la guerre
On danse, on chante, comme de vrais supporters
Un point de perdu, la redescente au classement
La saison n'est pas finie, il reste des matchs, heureusement
Et puis c'est comme cela, il y a des équipes plus fortes
On regagne des points, tu vois, la saison n'est pas morte
Messieurs les supporters, prenez-vous par la main
Pas de haine, pas de guerre, c'est la loi du terrain
Prenez vos enfants, emmenez les souriants au stade
Montrez leurs l'exemple, l'exemple de bons camarades.

Chat

Tranquille, allongé, bien au chaud
Je regarde par la fenêtre tous ces badauds
Il fait froid dehors, il fait chaud, peu m'importe
Je regarde, je suis bien, le sommeil m'emporte
Toute la sainte journée je suis allongé
Le temps passe sur moi et rien pour m'énerver
De temps en temps, je me lève pour m'étirer
Là, je regarde autour de moi, rien n'a bougé
Je baille, je m'étire, maintenant il faut y aller
Je m'y dirige lentement, je vais manger
Encore des croquettes, toujours le même repas
Une petite faim, j'accélère le pas
Il faut y aller juste après manger
Je vais doucement à l'endroit qui m'est dédié
Mon maître a pris soin de changer la litière
J'en profite, j'en ai besoin, je ne fais pas de manières
Ah, voilà mon maître qui rentre du boulot
Je cours vite vers lui, pour qu'il me gratte le dos
Je ronronne, le regarde, saute sur ses jambes

Il a vite compris, me donne ce que je demande
Ma maîtresse est là et me prend dans ses bras
C'est vraiment une dure vie que celle d'être un chat
De temps à autre je mets le nez dehors
Je rentre vite bien au chaud et là je me rendors
Et puis, de temps en temps, je disjoncte d'un seul coup
Je cours, je saute, je bondis comme un fou
C'est normal, il parait que j'en ai besoin
Moi, je n'y comprends rien, je retourne dans mon coin
Les enfants jouent parfois quelques minutes avec moi
Je joue le jeu, cela peut être marrant quelques fois
Une fois par an, j'ai le droit à mon enfer
Il est l'heure aujourd'hui de voir le vétérinaire
Une piqûre, un vaccin, une prise de poids
Lâchez-moi la moustache, je suis si bien chez moi
Je retourne à ma fenêtre à regarder le monde
Je suis bien, zen, mon esprit vagabonde
Je ne pense à rien, je me laisse vivre
La chaleur du radiateur, cette chaleur m'enivre
Si vous saviez mesdames, messieurs quel bonheur je ressens
Vous donneriez tout pour devenir chat persan !

La mort

Elle est là, elle vole au-dessus de nos têtes
Évidemment, cela parait sûrement bête
Elle est devant, derrière, sur les côtés
Elle est partout, on ne peut y échapper
On l'esquive, on fait tout pour l'éviter
Mais rien à faire, elle va nous agripper
Depuis notre naissance, elle nous tourne autour
C'est un vrai rapace, un aigle, un vautour
Chacun de nous y est un jour confronté
Le plus tard possible et en bonne santé
Elle prend la forme qui lui convient
Pour nous emmener de là d'où elle vient
Elle nous attrape par de lourdes maladies
Cela s'appelle virus, cancer ou pandémie
Ou bien alors, c'est beaucoup plus violent
Elle se transforme en terribles accidents
Les hommes aussi peuvent accentuer la chose
Les cimetières sont pleins de soldats qui reposent
Certains essayent d'accélérer leur départ
Cela s'appelle blanche, crack ou pétards
D'autres n'attendent pas son apparition
Saut dans le vide, arme ou pendaison
Dès le fameux jour de notre naissance
Elle est là, elle attend, elle a une grande patience
Pour toutes ces raisons qui tous nous dérangent
Vivez à fond votre vie, on n'en a pas en rechange

Respirons à pleins poumons l'air qui nous entoure
Les années passent, on ne peut faire demi-tour
Profitez du court temps qui vous est donné
En faisant le bien partout où vous le pouvez
La vie est courte, c'est déjà demain
Aimez-vous encore, tendez votre main
Avec de la chance on peut devenir un peu vieux
Faites votre possible pour que cela se passe pour le mieux
N'oubliez jamais qu'un de ces jours
Elle frappera à votre porte, ce sera votre tour
N'ayez pas peur, c'est à tous notre destin
Depuis la nuit des temps on en est bien certain
Elle est là, elle vole au-dessus de nos têtes
La grande faucheuse attend et rien ne l'arrête.

Forfait

Quel beau couple
Pas besoin d'une loupe
Cela se voit, cela se sent
Ils sont beaux, ils sont amants
Pourtant, et oui pourtant
Ils s'aiment depuis combien de temps ?
Lui, sur YouTube ou sur Google
Elle, sur Facebook, elle fait la gueule
Sur une terrasse, au restaurant
Plus de parole, rien pour l'instant
Les yeux fixés sur leurs écrans
Ils ne disent rien, ils sont absents
Des tonnes de « like », des tas de cœurs
Il n'y a plus que ça pendant des heures
Moteurs de recherche ou SMS
Ai-je bien tapé la bonne adresse ?
Pendant ce temps, plus de discours
Le temps passe vite, le temps qui court
On ne se parle plus, on ne dit rien
Est-ce comme cela qu'on se sent bien
Chacun rivé sur son portable
On ne voit même plus qu'on est à table
Encore un message, un petit texto
Chacun s'enferme dans son ghetto
Et l'orthographe n'en parlons pas
Il y a bien des mots que l'on ne comprend pas
J'ai plus de réseau, plus de batterie

C'est la panique, la vraie vacherie
Ai-je bien payé le bon forfait ?
Rien n'est plus sûr, ça fait des frais
Pendant ce temps, le temps qui passe
Pendant ce temps rien ne se passe
Lève tes yeux, regarde en face
Elle et toi, seuls face à face
Laissez tomber votre téléphone
Vous ne finirez pas par être aphones
Parlez-vous, parlez-vous encore
Parlez d'Amour, de Love, d'Amor.

Ma reine

Elle a volé mon cœur
Elle m'a donné le sien
Depuis je suis ailleurs
Et ailleurs je me sens bien
Je lui donne toutes mes heures
Toutes mes heures, soir et matin
Elle me transmet tout son bonheur
Tout ce bonheur que je fais mien
La vie est belle, je n'ai plus peur
Plus peur du vide, plus peur de rien
Je pense à elle pendant des heures
Je pense à elle et tout va bien
Je suis un roi, un vrai seigneur
Elle est ma reine, mon souverain
Je veux pénétrer son cœur
Son cœur caché derrière deux petits seins
Maintenant je vis avec ferveur
Elle est à moi, elle me revient
Pour elle et moi pas de malheur
C'est notre vie, on se sent bien
Fini le rien, assez de heurts
Pour elle c'est sûr, rien n'est trop bien
Auprès d'elle terminé, plus de pleurs,
Des caresses, des baisers, des câlins
Elle est ma sucrerie, mon chocolat, ma douceur
Mon petit déj, mon café noir, mon petit pain
Je donnerais tout, surtout le meilleur

Elle sera mon diamant et moi son écrin
Des nuits d'amour et de fureur
Des nuits où je me ferai coquin
Elle mérite ma passion, elle mérite mon ardeur
Elle me fait découvrir le mot féminin
C'est elle ma rose, ma plus belle fleur
C'est mon Éden, mon beau jardin
J'aime sa bouche, sa voix, sa noire couleur
J'aime son rire, son rire africain
J'aime ses mots prononcés avec douceur
J'aime les textes de mon bel écrivain
Être avec elle, mon Dieu quel honneur
Je l'aime comme un fou, ma déesse du Bénin.

Mannequin

Il est jeune, il est beau, il a de quoi plaire
Des yeux bleus, un sourire d'ange, il en est vraiment fier
Dans les revues, sur les affiches, dès que l'on ouvre la télé
Il est partout, il a tendance à nous énerver
Alors lui, je ne sais pas d'où ils l'ont sorti !
Rien qu'à le voir, le monde s'évanouit
Et de son corps de rêve, on n'en parle même pas
Des muscles partout, des cuisses jusqu'aux bras
Avez-vous vu au moins ses pectoraux ?
Ah, vraiment, oui, mais regardez ses abdos
Toujours une belle coupe, toujours bien coiffé
Et la barbe naissante, deux, trois jours pas rasé
Il est beau, un canon, un homme magnifique
En plus de cela, il se fait plein de fric
Et les femmes on ne va pas en discuter
Sûr qu'avec lui, cela doit franchement tomber
Un regard, un clin d'œil, un claquement de doigts

C'est évident, elles ne résistent pas
Des lèvres de feu sur son joli sourire
Avec lui, les nanas, peuvent craindre le pire
Mais peut-être je me trompe complètement
Allez savoir s'il ne préfère pas les garçons
Moi, j'en suis certain, il est de l'autre bord
Tiens revoilà une pub où il apparait encore
J'en ai marre de ce mec, j'en ai marre de le voir
Moi avec mon corps, je n'ai vraiment plus d'espoir
J'essaie tout, le vélo, la marche, je cours
Rien à faire, j'ai toujours les abdos Kronenbourg
Je fais des efforts, je vérifie ma bouffe
Pourtant rien à faire, j'ai l'air d'un gros pouf
Mais comment fait ce mec pour être aussi beau ?
J'ai tout essayé, je reste toujours gros
Allez, j'arrête ces foutues comparaisons
L'essentiel dans la vie, c'est de vivre non de non
Rien ne sert de vouloir leur ressembler
Du moment que l'on se sent en pleine santé
La vie, la vraie, celle de tous les jours
Doit être simplement belle et remplie d'Amour
Il est vrai que l'on nous montre toutes sortes de
mannequins
Le plus important, c'est que l'on se sente bien.

Le bistrot

Quand on ouvre la porte, on sent tout de suite qu'il fait chaud
Ce n'est pas le grand luxe, c'est juste un petit bistrot
Salut, tu vas bien, quelles sont les nouvelles ?
Rien de nouveau, tout va bien, un peu comme la veille
Comme d'habitude, tu ne changes pas, une pression ?
Non, aujourd'hui c'est samedi, mets-moi un Picon
Sur la table à côté, l'un lit son journal
L'autre, presqu'en face, parie sur un cheval
Il y a de la paix, de la joie, jamais de bagarre
On est bien décontracté dans notre petit bar
Quatre gars et leur bière tapent le carton
Ça râle un petit peu, mais ce ne sont pas de mauvais garçons
Et le mec, seul au comptoir avec ses jeux à gratter,
Il joue, il tente, il y a peut-être beaucoup à gagner
Ce vieux type appuyé contre le mur
Il a trop avalé, le retour va être dur

La patronne au garde à vous derrière son comptoir
Elle regarde partout, que tout le monde ait à boire
Madame, s'il vous plait, je vais prendre un café
Personne ne connait celui qui vient d'entrer
Ça sent bon le pastis mélangé au café
Ça sent très bon la vie dans notre petit café
Encore un client, vous allez boire quoi ?
Je ne sais pas chère madame, vous me proposez quoi ?
La dame du fond remplit sa grille de loto
Je vais prendre un petit jaune, c'est l'heure de l'apéro
Et on prend des nouvelles des bons copains absents
T'as appris pour Dédé, il a fait un coup de sang
Moi, je m'en fous, je n'ai plus de points
Faites quand même gaffe aux flics ils sont au rond-point
Le vieux type contre le mur, va falloir le ramener
Appelle son grand fils, il va encore venir le chercher
Le mec qui grattait s'est enfin calmé
Il reviendra demain pour encore retenter
Allez un dernier et je m'en vais vite

Je rentre chez moi, si je me souviens où j'habite
La patronne toujours là, un œil sur les verres
Faut qu'elle soit attentive, faut qu'elle marche son affaire
Allez salut tout le monde, on se revoit demain
Dans mon petit bistrot, on s'y sent vraiment bien.

La vieille dame

Le visage pâle, les mains qui tremblent
Cette personne âgée est pourtant touchante
Elle vit seule dans sa grande maison
Elle se laisse vivre, elle tourne en rond
Depuis que son cher et tendre a disparu
Elle ne vit plus, elle est complétement perdue
La vieille dame passe ses journées
Maintenant toute seule rivée à sa télé
Un téléfilm, une émission
Ah que c'est triste, le temps est si long
Comme chaque matin elle se réveille
Personne n'est venu la voir la veille
Le temps est si long, c'est tellement triste
Elle est toute seule, elle parle au Christ
Et puis ses douleurs elle en a plein
J'ai mal aux jambes, j'ai mal aux reins
Depuis tout ce temps où elle est seule
Elle rabâche, elle radote, elle parle seule
Faut pas que j'oublie mes cachets du soir
Ou bien alors, je n'ai plus de mémoire
La pauvre vieille dame a toujours froid
Elle est frileuse par ces grands froids
Une petite retraite, une petite pension
Cette vieille personne fait très attention
La vieille dame, elle en a très peur
Elle a très peur de ce sacré Alzheimer
On lui a fait faire tous les examens

Son cerveau fonctionne encore parfaitement bien
Tous les mois elle voit son médecin
Ne vous inquiétez pas, vos reins vont très bien
Une fois par an, c'est la grande douleur
Car aujourd'hui, jour de Toussaint elle pleure
J'irai demain très tôt déposer des fleurs
Sur celui qui a fait pendant tant d'années tout son bonheur
J'irai demain, au petit jour
Car c'était lui mon grand Amour
Personne ne sait que nuit et jour
Elle pleure son seul et unique Amour
Un jour ou l'autre elle finira par nous quitter
La vieille dame ira rejoindre son bien aimé.

Black and white

Comme ça, tranquilles dans la rue à se balader
Bras dessus, bras dessous, comme le font des milliers
On regarde devant nous, on ne pense à rien
Nous sommes bien amoureux, seuls, main dans la main
Quand, soudain, sans rien dire on croise plusieurs
personnes
Des regards, des mimiques, on voit bien que l'on étonne
Cette vieille dame coquette, nous regarde de haut en bas
Ce monsieur tourne la tête, il ne veut pas voir ça
Les jeunes gens habitués ne font plus attention
C'est peut-être cela le choc des générations
Ces deux-là, d'un seul coup s'arrêtent de discuter
C'est dingue comme ces potes paraissent choqués
Le grand black que l'on croise, nous fixe insistant
Il y a deux secondes, tu ne savais même pas que l'on était
vivant
Encore une grand-mère avec son chapeau rose
Eh ! Mémé, tourne-toi et regarde autre chose
Un petit qui tient la main de sa mère a le regard inquiet
Pas grave, plus tard, on pourra lui expliquer
Une bigote toute en noir baisse soudain les yeux
C'est sûr que ce soir, elle en parlera à son bon Dieu
Et puis il y a tous les autres, tous les autres sympas
Alors eux, c'est certain, cela ne les chamboule pas
Ces jeunes filles que l'on croise avec leurs beaux sourires
Ben alors là, ça change, cela fait vraiment plaisir
Un autre black devant nous, qui nous fait un clin d'œil

Alors mon gars, quand tu veux nous on t'accueille
Enfin une mamie qui nous regarde enchantée
Et oui chère madame, cela s'appelle liberté
Deux potes devant nous s'arrêtent de discuter
Ils nous disent bonjour, nous souhaitent une belle journée
Un autre petit garçon nous regarde sans inquiétude
Apparemment pas choqué, il en a l'habitude
Bras dessus, bras dessous, comme le font des milliers
Tranquillement, comme ça, on continue à se balader
Le regard des autres, il est vrai, parfois blesse
Nous deux, on s'en fiche, on ne va pas en faire des caisses
Ce sera bien le cas, dans les années futures
Il y aura d'autres passions, d'autres couples, de nombreuses
aventures
Je suis blanc, elle est noire, vous pouvez tous y croire
Elle est noire, je suis blanc, tant qu'on s'aime, il y a de
l'espoir.

Restaurant

Bonsoir, pour deux ?
Un petit instant s'il vous plait, je vais voir
Comme vous le voyez, nous avons beaucoup de monde ce
soir
Donc, nous avons bien fait d'être deux ?
Au fait, vous avez réservé ?
Ben non, je n'y ai même pas pensé !
Nous aurions dû peut-être téléphoner
Je te l'avais dit, tu ne m'écoutes jamais
Ce n'est pas grave, mais il va falloir patienter
Pas important, nous irons au bar pour trinquer
Je vous installe, voulez-vous bien me suivre ?
Arrivés jusqu'à là, on ne va surtout pas fuir.
Un petit verre pour commencer
Qu'est-ce que vous avez à nous proposer ?
Un cocktail maison pour vous mettre en appétit
Ce sera parfait, faites donc mon petit
Voilà la carte, je vous laisse choisir
Merci chère madame, nous allons découvrir
Quinze entrées, vingt plats, douze desserts
Avec tout cela, nous avons bien à faire
Ils doivent avoir une tripotée de cuistots ?
Est-ce possible dans un si petit resto ?
À mon avis, ils possèdent la carte Métro
Impossible d'avoir un choix aussi gros
Les légumes sont frais, ils viennent de chez le primeur ?
Absolument madame, ils sortent du congélateur

Et la viande, directement du producteur je présume ?
Certainement monsieur, rangée à côté des légumes
Les desserts, sacré boulot à faire ?
Le camion nous les a livrés avant-hier
Madame, monsieur, vous avez fait votre choix
Avec une telle carte, ce sera un repas de roi
Je présume que votre restaurant est réputé
Dans la région, nous sommes bien côtés
Je vous envoie notre sommelier pour choisir votre vin,
J'espère simplement qu'il nous conseillera bien
Je me répète peut-être, mais avec une telle carte
Réchauffer tous ces plats préparés ne doit pas être de la tarte
Vérifier toujours avant d'entrer dans un resto
Trop de plats à la carte, cela vient de chez Métro.

Père

Comment pourrai-je parler de lui ?
C'est tellement dur, j'en suis meurtri
C'était mon Dieu, mon géniteur
Il est parti, il est ailleurs
J'étais son fils, j'étais enfant
Il m'appelait déjà mon grand
Toujours avec lui, toujours derrière
Il m'apprenait les bonnes manières
J'étais tout petit, c'était un géant
C'était mon modèle, mon enseignant
Pas trop de bisous, pas trop de câlins
C'était de l'Amour sans baratin
Je le regardais vivre sa vie
Auprès de lui j'ai tant appris
Avec mon frère tout allait bien
C'était quand même son premier gamin
Et puis ma mère, il l'admirait
Elle aussi, on voyait qu'elle l'aimait
À notre tour, nous sommes partis
Et la famille s'est agrandie
Les petits enfants sont arrivés
Il adorait se faire appeler pépé
Des petits garçons, des petites filles
Elle a bien grandi la petite famille
Devenu pépé, il était si heureux
C'était un grand père béni des dieux
Mais un sale jour, c'est la déroute

Son cœur de beurre fait fausse route
On voit des docteurs, on consulte des médecins
Voilà maintenant que ça touche aux reins
Il survit, il est là, il végète, il est mal
Ce n'est plus la forme, plus le moral
Une autre attaque qui surgit
Cette fois, il n'y a plus que la chirurgie
L'opération, on n'a plus le choix
Cela le plonge dans le coma
Son corps le lâche, c'est le grand drame
Adieu pépé, on est en larmes
Adieu mon père, adieu papa
Depuis ce jour maudit, je ne t'oublie pas.

Brocante

Comme chaque année, à peu près à la même époque
Le dimanche, c'est certain, on va se faire une *broc*
On regarde sur le Net, on découvre les lieux
On s'agite, on s'apprête, on va rechercher quelque chose de
vieux
Les étalages sont là depuis le petit matin
On commence notre quête, on va trouver c'est certain
Il y a de tout, il y a du rien, du moche et du bien
On se balade, on guette, on a besoin de rien
Ça sent bon le café chaud, près de la buvette
On attend encore un peu, on boira une canette
Sur l'étal de cette dame, quelques vieux vêtements
On regarde, on fouille, pas notre taille évidemment
À côté, un jeune homme et ses cartes postales
De l'autre, une jeune fille qui à peine s'installe
On trouve de tout, on trouve de rien
Mais au fait, que cherche-t-on ce matin ?
Ah, tiens un gros tas de vêtements militaires
Des fusils, des médailles et une croix de guerre
Ça parle, ça crie, ça discute et négocie
Pour un euro de moins, on achète, on est ravi.
Et puis on trouve des spécialistes, des connaisseurs,
Sûr que ce monsieur est collectionneur
Et ce marchand d'un jour qui a tout étalé
Un amas de ferraille, d'outils, de vieux objets
Va-t-il vendre quelque chose, du moins, c'est ce qu'il espère
Se fera-t-il quelques sous, comme l'année dernière ?

Une petite table, une chaise, un petit garçon
Il a tout bien installé, il vend ses vieux camions.
Vers midi, retour vers la buvette
Une saucisse, des frites et bien sûr ma canette
On poursuit juste après vers d'autres étals
Et l'on espère toujours découvrir notre graal
On regarde partout, on ne sait pas ce que l'on veut !
On cherche, on fouille, il y en a même un qui vend des
œufs
Cette vieille dame là-bas, vend des napperons
Faits main par elle bien sûr, ils sont tous bien ronds.
Le soir arrive, tout ce beau monde doit remballer
Nous repartons heureux, même si l'on n'a rien trouvé
Vivement dimanche se dit-on lorsqu'on rentre.
Eh oui, dimanche, nous repartirons pour une autre
brocante.

Cimetière

L'allée à l'ombre des arbres, bien alignés
On y va même seul, on peut y méditer
On avance à petits pas, la tête dans nos pensées
On avance à petits pas, la tête baissée
Le silence est présent en signe de respect
Le silence de la mort, de la mort et du passé
On y va de temps à autre, voir un défunt
On y va pour ce calme, le calme du matin
Les braves gens se croisent sans même dire mot
Ils viennent de nulle part, sont tristes sous leurs chapeaux
Ils sont là par respect pour leurs chers disparus
Ils marchent comme des ombres, tout ce monde
d'inconnus
Chacun parle tout bas en citant ses défunts
D'autres ne viennent là que pour la Toussaint
Une dame toute en noir, les yeux couleur sang
Elle vient de perdre quelqu'un, cela se voit, cela se sent
Une tombe bien fleurie, comme il en a de la chance

Cet inconnu, cet homme, doit être mort pour la France
Un vieux monsieur tout seul, une fleur à la main
Sur la seule femme qu'il aime, il dépose un jasmin
Ils sont tous là, nous regardent passer
On les a peut-être connus, un beau jour, par le passé
Une grand-mère ou un père, là pour l'éternité
On leur rend une petite visite, une prière, un baiser
Et la petite stèle toute blanche, celle d'un bébé
Pourquoi la mort l'a si vite et brusquement emporté
Une autre dame en noir, un mouchoir à la main
Elle sanglote, elle pleure, c'était donc son destin
Un petit coin de gazon, très bien entretenu
On y verse les cendres de nombre de personnes disparues
C'est dingue ! Cette personne avait juste mon âge
La mort est si cruelle, une catastrophe, un naufrage
Encore un, qu'il me semble, j'ai dû connaitre
Maintenant il est là, bien profond à deux mètres
Le vieux monsieur repart, il reviendra demain
Cela fait des années qu'il vient avec son chagrin
Des ouvriers s'affairent, ils creusent le terrain
Encore un autre mort, un enterrement demain
On a beau se mentir, on a beau se le cacher
Bientôt on sera là, notre place est réservée.

La route des vacances

Ça y est, nous y sommes, c'est le mois de juillet
Les vacances commencent, la France est embouteillée
Partout sur les routes, c'est la grande migration
Les voitures se suivent, prennent la même direction
On veut tous y aller et surtout en profiter
On attend ces moments tout au long de l'année
On descend vers le Sud, on rejoint la côte ouest
Sur les routes, ça se bouscule, de Marseille jusqu'à Brest
Les enfants sont assis bien sages à l'arrière de l'auto
On a fait nos bagages, nous nous sommes levés très tôt
Les péages sont pleins, on ne compte plus les bouchons
Tout le monde est pressé de rejoindre sa location
Aux stations, c'est la queue pour refaire le plein
On aurait dû partir un peu plus tôt ce matin
Les autoroutes sont chargées, on redoute l'accident
On a tout vérifié, on roule doucement, on est prudent
Sur cette aire de jeux, les enfants sont ravis

Cela ne fait que cinq heures qu'ils ont quitté Paris
Plus que quatre cents kilomètres, on arrivera à l'heure
Une petite pause cigarette, on redémarre le moteur
Sur les routes nationales c'est la même affluence
Des caravanes, des camions, c'est génial les vacances
Une voiture sur le côté, une roue démontée
Il aurait pu au moins, un peu mieux se signaler
Qu'est-ce qu'on en a marre, on reprend l'autoroute
Deux heures que l'on n'avance pas, elle n'en finit plus cette route
Quelqu'un veut un sandwich ? Finissez vos boissons
Il n'avance pas ce type, mets-lui un coup de klaxon
La radio nous l'avait dit, ça allait bouchonner
L'autoroute du soleil est pleine à craquer
Et celui-là, il fait quoi, il roule comme un idiot !
Ah bien-sûr j'ai compris, encore un parigot !
Qu'est-ce qu'on fait, on s'arrête, on va prendre un café
Là aussi c'est la queue, je n'ai même pas de monnaie
Pour aller aux toilettes, encore l'embouteillage
Cette fois on repart, les enfants, restez sages
Encore deux heures de route, on est presque arrivés
On s'arrête au péage, cela a encore augmenté
Enfin nous y sommes, enfin on est bien
L'année prochaine c'est sûr, on partira en train.

Voilà, que pour toi mon Ange

Un jour comme c'est étrange
Je me suis retrouvé face à un Ange
Fallait-il rester sur la défense
Ou alors profiter de cette chance
Cet Ange au visage d'Ève
M'est apparu comme dans un rêve
Soudain ses jolis yeux se lèvent
Je sens en moi mon cœur qui se soulève
Je la regarde, lui dis bonjour
Et d'un seul coup mon âme perçoit de l'Amour
Je regarde, je regarde tout autour
Il n'y a qu'elle, mon bonheur du jour
Je veux la prendre, la serrer contre moi
La serrer la garder que pour moi
Devant elle, je suis comme un roi
Et tout mon corps est en émoi
Je veux son corps, je veux sa main
Je veux ses lèvres, je veux ses seins
Je la contemple, je suis si bien.
Cette fois c'est sûr c'est mon destin
Mais pourquoi donc cela m'arrive ?
Soudain je suis à la dérive
Fallait-il donc que je sois ivre
Pour ne pas voir cet Ange vivre
Depuis ce temps, je n'en peux plus
Mon grand Amour est apparu !
Depuis ce temps je ne dors plus

Mon rêve à moi m'est parvenu
Je vous le dis en vérité
Mon Ange à moi est arrivé
Depuis ce jour je suis troublé
Mon grand Amour m'a transformé
La vie, la vraie est si bien faite
Mon cœur depuis est comme en fête !
Je n'ai plus qu'elle dans tout mon être
Je n'ai plus qu'elle au fond de ma tête
Cet Ange à moi c'est un délice
Mon Ange à moi ma bienfaitrice
Je vous le dis sans artifice
Mon Ange à moi, c'est EURYDICE.

Sous ses cartons

Tu passes dans une rue
Tu passes et tu n'as rien vu
Pourtant tu sais qu'il est là
Mais tu ne le regardes pas
Tu penses à tes achats
Lui est là, il a froid
Tu ne penses qu'à toi
Tu ne le vois même pas
Pas le temps de t'arrêter
Pas le temps de t'embêter
La vie, la vraie, est là près de toi
Mais pour toi la vie ce n'est pas ça
Il n'a qu'à travailler, se bouger
Mais au fait, que lui est-il arrivé ?
Tu ne te poses pas la question
C'est sûr c'est un mauvais garçon
Toi ton existence est si folle
Lui pour survivre il picole
Il est là, ne bouge pas, il grelotte
Tu baisses la tête, tu regardes tes bottes
Il fume des bouts trouvés au sol
Toi tu fais le beau avec tes menthols
Il boit, reboit jusqu'à en vomir
Tu ne penses qu'à une chose, réussir
Mais attention, tout va si vite
Alors pour toi c'est la faillite
La vie, la vraie, celle dont tu rêvais

À cause des autres, tu l'as ratée
Cette fois pour toi quel désespoir
À ton tour tu es sur le trottoir
Et là tu te retrouves dans la rue
Là où tu passais sans avoir rien vu
Maintenant tu prends sa place
Et tu vois passer tous ces rapaces
Ça y est, tu y es et pour de bon
Tu as pris sa place sous ses cartons.

Enfants

Maintenant nous en sommes complètement certains
Le médecin nous l'a confirmé ce matin
Il n'y a plus aucun doute, c'est une petite fille
Cela c'est bien vu sur l'échographie
D'abord nous voulions un petit garçon
On avait même trouvé son prénom
Une fille, évidemment cela ne sera pas pareil
Mais peu importe, elle sera notre merveille
Et puis surtout n'en doutant pas
Elle sera la fifille à son papa
Encore quelques mois d'attente et de patience
C'est certain, cela va changer notre existence
Depuis le temps que l'on en rêvé
Il sera là notre petit bébé
Les premiers temps ne seront pas faciles
Surtout les nuits on ne sera plus tranquilles
Il faudra s'y faire, on y passe tous
Chut, tais-toi, je l'entends qui tousse
Les premières dents et les vaccins
Endors-toi vite mon ange, je me lève tôt demain
Finis les couches et les petits pots
C'est bien ma fille, tu fais dans le pot
Le temps passe vite, c'est naturel
Tu rentres déjà en maternelle
Tout va si vite, on ne voit rien passer
Bravo ma petite pour ton BEPC
Avec maman tu parles tout bas

Il y a des choses qu'un papa ne sait pas
Voici déjà le BAC et ses révisions
Encore bravo ma fille pour ta mention
Tu continues quelques années
C'est super, tu as un beau métier
Et puis un soir, tu viens diner chez nous
Papa, maman, je vous présente mon futur époux
Maman, papa, on en est certains
Le médecin nous l'a confirmé ce matin
Nous avons déjà les deux prénoms
Et oui, des jumeaux, deux petits garçons
Aimons et profitons bien de nos chers enfants
Le temps passe si vite, la vie est si rapide, c'est affolant !

Dépression

Au-dessus de toi plane un nuage noir
Tu vis, tu manges, tu dors et tu ne remarques rien
Tout va bien pour toi, tu as de l'espoir
Tu chantes, tu bois, tu danses et tout va si bien
La vie suit son cours, ton travail, ta famille
Ta magnifique voiture, ton foot, tes amis
La vie suit son cours, rien ne la bousille
Il faut profiter de tout, surtout de tes envies
Et puis un jour, un matin, au réveil
Quelque chose ne va pas, un petit rien t'inquiète
Tu vas au bureau comme tu l'as fait la veille
On te parle du marché, on te parle de dettes
Restructuration, restriction, récession
Délocalisation, bourse ou finance
On se sépare de toi et pourtant tu étais bon
Adieu boulot, adieu collègues, tu n'as plus ta chance
Ce fameux nuage noir vient de retomber
Dans ta tête rien ne va plus, c'est la fin, c'est le choc
Tu ne dors plus, ne manges plus, plus de force, fatigué
Tu vas chez ton médecin qui te bourre de médocs
On te parle surmenage, angoisse et stress
Mais pour toi plus rien ne va, tu n'as plus aucune envie
Dans ton corps c'est la guerre, c'est la grosse détresse
On te parle thérapie, on te parle de psy
Tu as raté ta vie, tu n'en peux plus des autres
Les copains t'en as plus, tout le monde est parti
Tu te retrouves seul, comme si c'était de ta faute

Voilà tu es seul, seul avec ta maladie
Ce fameux nuage noir, il ne t'a pas raté
Il t'a choisi toi, il est tombé sur ta tête
Pourtant, ne t'en fais pas tu vas te soigner
La vie continue, tu vas refaire la fête
Tu n'es pas le seul, ils sont des millions
Ces centaines de personnes en mal de vivre
Chacun sa douleur, chacun sa prison
Il faut continuer à se battre, continuer à survivre
Un jour, tu verras, tout ira pour le mieux
Les idées, la joie, la forme reprendront le pas
Bouge, réagis, tu n'es pas encore très vieux
Ce foutu mal du siècle, tu y échapperas
Tu veux vivre, aimer, sortir de ta prison
Ça y est, tu es guéri, finit la dépression.

Jean-Philippe

Certains le trouvaient ringard, pour d'autres c'étaient une star
Bien-sûr, sa musique n'était sûrement pas du Mozart
Mais pendant plus de cinquante-cinq ans il tenait la vedette
C'était un artiste, un chanteur, une vraie bête
Tout jeune, il commence et emmène le rock dans l'hexagone
Et tout de suite, en France, ce fut un véritable cyclone
Les victoires, les disques d'or ou de platine, il ne les compte plus
Les plus grands succès, les plus grands prix, il les a tous obtenus
De son enfance et de son père il ne retiendra pas grand-chose
Il n'en parlera jamais, ou alors à petite dose
De succès en succès, il devient vite pour les jeunes une idole

Même si aujourd'hui, en prononçant ces mots on en rigole
Véritable bête de scène, il accumule les succès
On le compare même au King Elvis Presley
À ses débuts, chacune de ses apparitions provoquent des émeutes
Les foules le suivent et se déplacent en meutes
Certains même de ses concerts doivent être annulés
Les jeunes découvrent le rock en pleine période yéyés
Plus tard, ses rythmes changent et il s'adapte à tous les genres nouveaux
Son public lui reste fidèle et ne lui tourne jamais le dos
Pendant plus de cinquante-ans il reste en haut de l'affiche et remplit les plus grandes salles
Sur scène, il se transforme, rien de l'arrête, un vrai animal
Ses duos sont célèbres, il chante avec les plus grandes voix
Mais il prend vite le dessus, c'était bien lui le roi
Sur ses bras il arbore de magnifiques tatouages
Que ses fans se pressent de refaire, même à tous âges
Ses shows il les a transportés dans tous les stades de France
C'est là qu'il retrouvait son public à moitié en transe
Il se faisait un immense plaisir de reprendre les succès de tous les grands artistes
Il reprenait ces airs avec une grande maîtrise
Malgré son âge avancé, il savait toujours se déhancher
Lorsqu'il reprenait à tue-tête ses anciens succès
La vie a fait de lui un des plus grands artistes français
Le monde artistique avait pour lui le plus grand respect
Il a chanté la vie, la mort et surtout l'amour
Il a chanté le rock, le blues et plein d'autres choses tour à tour
Jusqu'à ses derniers instants il a honoré tous ses galas
Avec ses potes Eddy et Jacques, il était toujours là

Hélas en plein hiver il est emporté par un cancer
Il est parti en pleine gloire vers un autre univers.

Journal télévisé

Comme tous les jours, à l'heure dite, nous sommes des millions
Bien à l'écoute, assis devant notre télévision
Les nouvelles seront-elles bonnes ? Nous allons bientôt savoir
Installés dans nos fauteuils, c'est le journal du soir
Encore un conflit à l'autre bout de la planète
Et chez nous, c'est bien sûr, ils augmentent le prix des cigarettes
Une tempête, un typhon, qui s'abattent sur une ile
Ce qui nous intéresse, le score du match Paris Lilles
Dans un coin d'Afrique, on meurt encore de faim
Nous, ce qui nous importe, c'est la grève des trains
On s'arrache, on s'étripe encore au Moyen Orient
Des images magnifiques du festival de Lorient
Des morts, des attentats, les gens sont devenus fous
À l'école, attention, ils sont revenus les poux
Un avion qui disparait au milieu de nulle part
Les français ont gagné, ils se qualifient pour les quarts
On tue, on emprisonne dans un pays lointain
On nous promet du soleil pour la journée de demain
Un tremblement de terre, des centaines de victimes
Un petit reportage sur les férias de Nîmes
Un déséquilibré tue un grand nombre d'étudiants
Une sortie au ciné, un film pour les enfants
Un incendie immense, toute une région qui brûle
La visite au musée, de l'exposition « Hercule »

La planète se réchauffe, les chercheurs nous préviennent
Un nouveau reportage sur la belle ville de Viennes
On coupe la forêt, on dévaste à tout va
Quel beau site on possède ! Les falaises d'Étretat
Un volcan se réveille, il crache tout son feu
Au bois de Boulogne on est prêt, c'est la fête à Neuneu
Des animaux bizarres, la disparition d'une espèce
Aujourd'hui c'est magique, on marie une princesse,
Une nouvelle maladie, on ne sait d'où elle vient
Il publie son nouveau livre, ce fameux écrivain
Des mois qu'il ne pleut plus dans ce coin désertique
Ce couturier français qui ouvre une nouvelle boutique
Un train qui déraille en plein milieu d'une ville
C'est la fin aujourd'hui du festival de Deauville
Heureusement qu'elles sont là, les télés pour nous informer
Sans elles, c'est bien sûr, nous n'aurions rien à raconter.

Je veux lui dire

Il y a quelques semaines, il y a quelques mois
Elle m'est apparue là devant moi
Depuis ce jour, ce jour béni
Elle est entrée belle dans ma vie
Je suis heureux, rempli de joie
Ma douce, ma belle est près de moi
Elle embellit mes jours, mes nuits
Ma belle, ma douce, mon paradis
C'est mon étoile, c'est mon soleil
C'est la huitième de mes merveilles
Rien n'est plus beau depuis ce temps
Rien de mon être n'est comme avant
Elle est ma vie, elle est mon sang
Mon oxygène, mon carburant
Loin d'elle, sans elle, quel désespoir
Je ne peux plus le concevoir
J'en suis certain, je suis fou d'elle !
C'est elle mon ange, mon arc-en-ciel
Comme dans le ciel vole un rapace
Elle est ma plume, elle est ma grâce
Comme au musée face à une toile
Comme un chef-d'œuvre que l'on dévoile
Elle est gazelle, elle est panthère
Elle est si belle ma tendre et chère
C'est une comète, c'est ma Grande-Ourse
Elle est parfaite, peau de velours
C'est une église, une cathédrale
Elle est mon but, elle est mon Graal
Lorsque sa main rejoint la mienne

Sa main soudain devient la mienne
Parfois je croise son regard
Ses yeux me percent tel un poignard
Elle me pénètre au plus profond
C'est elle ma drogue, mon addiction.
On est ensemble et pour longtemps
On est si bien, on s'aime tant
Peut-être nous verrez-vous un jour,
Vous comprendrez alors ce qu'est l'amour
Je veux lui dire, lui avouer :
Mon Eurydice, n'gniwan nou wé.

Salle d'attente

Tout le monde est là, bien assis sagement
Tout le monde est là, à attendre les médicaments
Ça tousse, ça renifle, ça respire fort
Ça renifle, ça tousse, ça se mouche encore
Il y a la vieille dame avec ses rhumatismes
Le dos du vieux monsieur, un sacré traumatisme
Ces deux autres personnes parlant de leurs douleurs
Mais que fait-il donc, il est long ce docteur
La mère de famille et ses deux chers enfants
Qui sautent partout, qui font un sacré boucan
L'heure tourne, il commence à se faire tard
Que fait-il ce médecin, il est toujours en retard
Et vous, chère madame, que vous est-il arrivé ?
Si vous avez deux heures je vais vous raconter
Au fait, vous avez appris pour madame untel
On vient de l'enterrer, personne ne s'occupait d'elle
Les petits courent toujours entre les patients
On s'énerve, on râle, ce ne sont que des enfants
C'est à qui ? Moi j'avais rendez-vous
C'est à moi, j'en suis sûr, j'étais là avant vous
Les revues sur la table, pleines de microbes
Les mots fléchés ne sont plus là, quelqu'un les dérobe
La porte du médecin s'ouvre de temps en temps
Un patient, puis un autre, mais ça prend beaucoup de
temps
Mais qu'ont-ils tous à être malade le même jour

De toute façon, on n'y peut rien, on passera tour à tour
La vieille dame se plaint encore de son mal
Et cette autre personne au visage si pâle
Toutes ces chaises qui bougent qui font beaucoup de bruit
C'est encore ces enfants que personne ne punit
L'heure avance, encore plus de malades
Il faudra que je pense à demander ma pommade
Encore une vieille dame qui arrive en béquilles
Et la bimbo au fond là-bas qui se remaquille
J'en ai marre, je repars, je reviendrai demain
Ce sera la même chose avec ce sacré médecin
Tant pis, je reste encore une petite demi-heure
Et l'autre là-bas qui raconte ses malheurs
J'en ai marre, je rentre chez moi avec mon mal de ventre
C'est la vie désolante de la salle d'attente.

La Miss

Tout le monde la croise, la regarde et lui laisse la place
Elle est tellement belle, elle est tellement classe
Déjà toute petite, elle était ravissante
On l'a trouvée jolie, toujours souriante
En grandissant, elle n'a absolument pas changé
Un regard de velours, un sourire à rêver
Adolescente encore plus charmante
Toujours ses yeux doux, toujours élégante
Devenue adulte, elle en fait son métier
Mannequin, elle enchaîne les défilés
D'avions en taxis, pour des séances photos,
On peut la voir partout, dans tous les journaux

La vie pour elle est un rêve, une féérie
Les grands couturiers en font leur égérie
Ses grandes jambes qui n'en finissent pas
Avez-vous remarqué la finesse de ses bras
Elle est tellement si belle, vraiment canon
Elle fait tourner la tête de tous les garçons
Une taille si fine et des hanches magnifiques
Et toujours son sourire, son sourire angélique
Elle repart à New York, elle repart au Japon
On ne voit plus qu'elle sur toutes les chaines de télévision
Une émission par ci, un prime time par là
Cette beauté, cette déesse ne s'arrête pas
Elle fait la une de tous les magazines people
On l'adore de partout, elle est devenue une idole
Elle revient du Japon, elle repart à Moscou
De Paris à Londres, toujours en rendez-vous
C'est la vraie star des maisons de couture
On l'adore, on l'adule, on la couvre de dorure
Les grandes marques de parfums ne veulent plus qu'elle
Et d'immenses joailliers s'arrachent cette belle
Mais un jour en taxi survient l'accident
Le choc, des tonneaux, un drame hallucinant
Ce chauffard, ce poivrot plein de vin de Bourgueil
Maintenant, c'est elle qui passera sa vie en fauteuil
Malgré la médecine, malgré tous les soins
Ses grandes jambes si belles ne réagissent plus à rien
Si un jour, par hasard, vous la croisez dans la rue
Dites-lui qu'elle est toujours belle, même si elle ne marchera
plus.

Un cri

Un cri dans la nuit
Ce cri qui te suit
Un cri dans la nuit
Ce cri que tu fuis
Un cri qui surgit
C'est le cri d'une vie
Un cri qui remplit
Le silence de la nuit
La nuit tous les cris
Se mélangent aux bruits
Se mélangent par ici
Et par ailleurs aussi
Ce cri dans la nuit
Transperce ton esprit
Ton esprit et ta vie
Jusqu'à l'infini
Ce cri dans la nuit
C'est pour toi ma chérie
Je t'appelle dans la nuit
Je t'appelle et je crie

Je suis seul dans la nuit
Seul avec mon cri
Je suis seul et je prie
Je suis seul et je crie
Je crierai toute la nuit
Je crierai toute ma vie
Je crie fort ce poème
Pour toi je crie je t'aime.

Mes garçons

Pour que l'aventure continue, pour que reste le nom
Je suis extrêmement fier d'avoir deux garçons
Ils sont beaux, grands, forts de vrais vikings
L'un se prénomme Greg, l'autre c'est Kévin
Cela fait plus de trente ans qu'ils font mon bonheur
De plus, ces deux loulous là, ont eu deux petites sœurs
Fier lorsque je les promenais petits dans mes bras
Fier lorsque la première fois, ils m'ont appelé papa
Un petit garçon, on le veut un peu à son image
On l'éduque, lui apprend qu'il faut être bien sage
Et puis, il y a les jeux que l'on peut partager
Les LEGO, le ballon, on veut encore y jouer
Les garçons sont peut-être un peu turbulents
Mais ils font le bonheur d'un papa, d'une maman
Les premiers tours de vélo, les premiers petits bobos
Un garçon ne pleure pas, il doit être costaud
Comment leur apprendre ce que l'on a pu faire
La vie va s'en charger, il n'y a pas de mystère
Mais ils grandissent et tout va si vite
Le temps passe et rapidement, ils nous quittent
Heureusement, entre temps, on a pu en profiter
Même si la vie nous a un peu séparés
Ils sont dans ma tête, ils sont en moi
Ils sont dans mon cœur et me mettent en émoi
Ces deux petits gars sont devenus des hommes
À leur tour d'être papa, de porter la couronne

Chacun fait sa vie, chacun sa petite histoire
Ils perpétuent la vie, ils continuent l'espoir
Les regarder grandir, avoir les yeux qui brillent
Les voir s'épanouir lorsqu'ils nous présentent des filles
Comme tous les papas du monde, on ressent de la fierté
Surtout lorsqu'ils nous présentent plein de petites fiancées
Et puis un beau jour, ils nous présentent la bonne
Ils s'éloignent un peu plus, ils font leur vie en somme
On est heureux pour eux, du moment qu'ils aiment
Même si quelques fois cela pose problèmes
Ils reviennent un beau jour, un bébé dans les bras
Maintenant c'est à leur tour d'être appelés papa
Ils deviennent donc papas et quand je les regarde faire
Le bonheur me comble, le bonheur d'être leur père.

Lily

En la regardant au loin, j'ai su que quelque chose se passait
Un regard insistant, un sourire aux lèvres et elle s'est
approchée
Rien ni personne autour de moi n'aurait pu y faire
Y en a surement plein qui pensaient le contraire
Dites, chère madame, nous pourrions peut-être nous revoir
Immédiatement dans mes yeux, on pouvait voir de l'espoir
C'est depuis ce temps-là que tout mon être est en émoi
Évidemment ma douce, je ne vis que pour toi
Car tous deux, ensemble, nous ressentons ce qu'est l'amour
En s'aimant comme des dingues un peu plus chaque jour
Nous profitons de la vie, nous nous aimons à tout moment
Désormais, toi et moi, aimons-nous tendrement.

Mes filles

Autres merveilles que la vie m'a données la joie de recevoir
Ces merveilles je les ai accueillies comme une énorme
victoire
A quelques années d'écart elles sont arrivées dans ma vie
Et là, tout évolue, tout se transforme comme par magie
Je le souhaite à chacun de vous, que la vie vous donne des
filles
De petites demoiselles, pour qu'enfin vos yeux brillent
Les filles et leur papa, cela ne s'invente pas
Le papa et ses filles rien ne l'égalera
Ces princesses, ces beautés que l'on adore
Ces petits bouts de femmes nous jettent comme un sort
Je pense à elles, je pense à ces deux sœurs
Elles sont là, elles sont belles, font battre mon cœur
Elles sont différentes, mais se ressemblent tellement
Ce ne sont pas les deux mêmes, mais elles sont de mon
sang
L'une ou l'autre, je les comprends sans rien dire
Un regard, un sourire et rien d'autre, on s'admire
Tous les papas du monde vous diront que leurs filles sont
des merveilles
Mais moi, mes deux diamants, elles sont là, elles
m'ensoleillent
L'une va avoir vingt ans, la seconde les a dépassés
Elles restent tout de même pour moi mes deux petits bébés
Chaque fois que l'on se voit, mes yeux s'écarquillent
Je les serre contre moi, je les embrasse, elles sont si jolies

Je souhaite à tous les papas du monde des filles comme les miennes
Je le souhaite à tout le monde, j'ai tellement de veine
La plus âgée a fait sa vie, elle est déjà mariée
Je suis ravi pour elle, ils ont l'air de s'aimer
La seconde, c'est pareil, elle a son petit amoureux
Eux aussi sont parfaits, ils ont l'air si heureux
Tout cet amour qu'elles reçoivent me remplit de bonheur
Mais je sens bien en moi pour elles battre mon cœur
Je les aime comme un fou, je veux que cela se sache
Je les aime comme un père qui accomplit au mieux sa tâche
Chaque jour que je vis, je pense à mes deux belles
Chaque nuit, je ferme les yeux, je les vois, elles,
Elles sont dans mon cœur, elles sont dans mon sang
Même loin de moi, je les vois, je les sens
La vie m'a donné ces deux merveilleuses créatures
La vie de papa est vraiment une énorme aventure
Je souhaite à mon tour, qu'elles connaissent autant de bonheur
Je suis et je resterai leur premier admirateur.

Écrire un poème

Comment vous le dire, ce n'est pas marrant
Écrire un poème, c'est parfois angoissant
On sort une feuille, on prend une belle mine
On stresse, on est seul, seul au fond de la mine
Les idées viennent et repartent aussitôt
Mon Dieu suis-je bête, suis-je devenu idiot
Soudain une lumière, une idée sans doute
Trop tard, c'est la fin, elle a poursuivi sa route
Ah, voilà, cela revient, j'ai enfin un beau thème
Mais non, ce n'est rien, pas l'ombre d'un poème
Il faut que je me concentre, il faut que j'invente
Toujours pas d'idée et cela me hante
Comment faire au mieux, comment réussir
Allez, vas-y mon vieux, il faut aboutir
Les heures passent, la montre tourne
Seul devant cette feuille, il faut que j'ajourne
Mais non c'est possible, allez force-toi
Fais donc un effort, continue sur cette voie
Pourquoi rien ne sort, pourquoi rien ne vient
Tu te retrouves vite au petit matin
Voilà une idée qui te vient en tête
Non c'est vraiment nul, tu es sûrement bête
Mais que se passe-t-il dans ton petit cerveau
Alors là, mon petit gars, tu ressembles à un veau
Pourtant d'autres fois tu avais de la veine
Les idées, les phrases, te venaient sans peine
Ou alors tu vieillis et tu n'as plus de neurones

Dans ton crâne il n'y a plus rien, c'est devenu la zone
Et si pour une fois tu te dis cela ne fait rien
Tu remballes ton stylo, on verra ça demain
Alors tu t'endors bien au chaud dans tes draps
Tu te réveilles en sursaut, tu as chaud, tu as froid
Je ne peux pas laisser, surtout pas abandonner
Cette fois j'en suis sûr, cette fois j'ai une idée
Tu ressors ta feuille, tu reprends la plume
Mais encore cette fois, tu es dans la brume
Pourquoi toujours rien, pourquoi tant de vide
Tu as mal à la tête, tu as mal au bide
Écrire un poème, c'est toujours angoissant
Comment vous le dire, ce n'est surtout pas marrant.

Et vous deux si charmants

À s'assoir sur un banc cinq minutes tous les trois
Regarder les gens qui sont là
Ils sont venus pour vous, pleins de rires et de joie
Célébrer cette union pleine d'émoi.
Puis donner des baisers à vous deux tourtereaux,
Contempler vos échanges d'anneaux
Et entendre vos serments traverser le futur
Voir vos yeux entourés de dorure.
Vous racontez un peu lorsqu'on était jeunots
Les moments fabuleux, on était jeunes parents
Goldorak et Mario, Gargamel et Pampan
Et vous deux si charmants.

À marcher épanouis cinq minutes tous les trois
Et regarder la vie qui est là
Vous racontez la terre vous serrant tous les deux
Admirer vos regards amoureux
Et parler de ma joie de vous voir mariés
Effeuiller mille roses et s'marrer
Et entendre vos rires remplis de chaleur
S'arrêter et reprendre en chœur
Vous racontez surtout l'époque d'antan, la paix pas la
guerre
Et les vrais moments doux pleins d'amour, de lumière
On y pense souvent
Et vous deux si charmants

À s'assoir sur un banc cinq minutes tous les trois
Regarder le soleil qui est là
Vous parlez en même temps de vous deux petits loups
Vous dire que les méchants, c'est pas vous
Que si moi je suis barge, ce n'est que de vous deux
À vous voir si beaux, si heureux
Et entendre vos rires s'envoler bien plus haut
Que s'envolent le cri des oiseaux
Vous racontez enfin qu'il faut s'aimer à vie, s'aimer même
si
Le temps est incertain et emporte avec lui
Les pires évènements
Et vous deux si charmants
Et vous deux si charmants.

Paroles écrites à l'occasion du mariage de l'une de mes filles, sur l'air de la chanson de Renaud : « Mistral gagnant ».

www.euryuniverse.net